L'ASSEMBLÉE

ET LA FRANCE

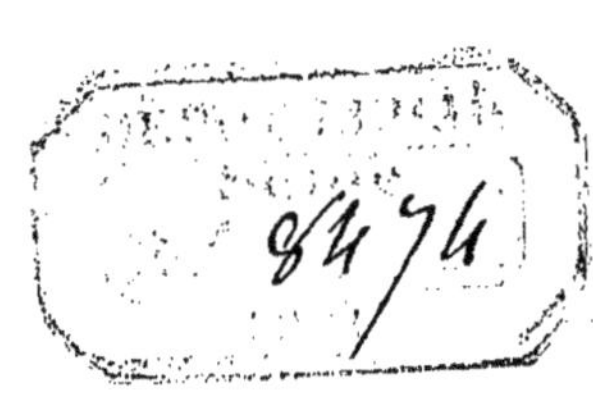

PARIS
IMPRIMERIE BALITOUT, QUESTROY ET Cie
7, rue Baillif et rue de Valois, 18

SAINT-GENEST

L'ASSEMBLÉE ET LA FRANCE

S'entendre pour voter la République, sans s'être entendus pour voter sa constitution, est une chimère ou un mensonge.

Voter la dissolution, sans avoir voté une loi électorale, est un forfait.

PARIS
E. DENTU, LIBRAIRE-ÉDITEUR
PALAIS-ROYAL, 17-19, GALERIE D'ORLÉANS

1874

L'ASSEMBLÉE
ET LA FRANCE

Quand, après le traité de Francfort, le général de Moltke et le prince Frédéric-Charles, mécontents des conditions trop *avantageuses* faites à la France, prédisaient le prochain relèvement de notre pays, M. de Bismark répondait : « Vous vous trompez, ils ont le sol, l'industrie, le commerce, l'activité, l'épargne, mais... ils ont l'Assemblée. Toutes ces ressources aux mains d'un homme pourraient devenir redoutables, mais elles resteront stériles aux mains de sept cent cinquante députés, qui, parlant chacun une langue différente ne peuvent amener que ruine et confusion. »

Bien des fois, cette prophétie nous était revenue en mémoire, mais on peut dire que c'est aujourd'hui que nous en voyons la complète réalisation.

Depuis quatre mois la France respirait. Elle récoltait en paix ses blés, ses vins, n'ayant d'autre embarras que le trop plein de ses richesses, et on voyait ce grand peuple, peuple de travail et d'épargne, qui s'était remis courageusement à l'œuvre. Brusquement les fonds baissent, la confiance s'ébranle, le travail s'interrompt... Qu'y a-t-il? Est-ce une menace du dehors? Est-ce un sinistre au dedans? Non, c'est l'Assemblée qui rentre.

Voilà trois années qu'il en est ainsi; trois années que, paysans, ouvriers, industriels, sont soumis à cette dure épreuve. Pendant les prorogations ils se hâtent de travailler et d'économiser, en vue des sesssions prochaines; car, il leur faut chaque année mettre de côté pour la ruine qu'apporte l'Assemblée.

Cette fois, ils avaient espéré un léger sursis. Un peuple entier demandait à quelques hommes de retarder cette calamité légale qu'on appelle la politique. Ces quelques hommes n'ont pas voulu. Ils ont exigé que l'on commençât de suite, et l'on va commencer.

Chose étrange! Tous ceux qu'on rencontre ont le sentiment d'épouvantables périls; ils parlent d'une lutte suprême des partis qui rendra la dissolution inévitable ; la dissolution; c'est-à-dire, la porte ouverte à toutes les aventures... le radicalisme, la Commune, Frédéric-Charles... c'est la pensée de chacun. Et puis, quand on réfléchit, on se dit : Mais si l'Assemblée ne revenait pas, tout cela disparaîtrait, car, nos malheurs ne sont pas en nous; ils ne viennent pas du pays. Dans le pays, il n'y a ni troubles, ni agitations, ni émeutes.

Avec Mac-Mahon, Président de la République, chef aimé et respecté de l'armée, l'ordre règne; et l'ordre règne même à un point que les gouvernements de la Restauration, de Louis-Philippe et de la fin de l'Empire n'ont pas connu. Le seul désordre qui apparaisse dans les esprits et dans la rue vient de l'Assemblée.

De sorte qu'à l'heure qu'il est ces députés, qui ont été nommés pour sauver le pays, sont, sans le savoir, le seul empêchement au salut de ce pays.

L'influence qu'ils exercent a même quelque chose de la régularité fatale du thermomètre : Quand ils s'éloignent, les fonds montent ; quand ils approchent, les fonds baissent. Et, pour faire hausser toutes les valeurs, et nous faire connaître une prospérité inouïe, il leur suffirait d'annoncer simplement qu'ils ne se réuniront plus qu'une fois par an pour voter le budget.

Il est vrai de dire qu'après avoir compromis le salut la France pendant trois ans par leur présence, ils menacent d'achever de la perdre par leur départ, en votant une dissolution prématurée; dissolution sans la loi électorale, sans seconde Chambre, c'est-à-dire la France livrée au chaos.

Et, ici, il ne s'agit pas d'un pamphlet! D'abord, dans des circonstances aussi graves, les pamphlets sont de tristes satisfactions que se donnent les hommes de parti. Et puis, ce qui me rend moins sévère pour cette Assemblée, c'est qu'elle n'a point trompé mon attente, car je n'ai jamais eu d'illusion sur son compte.

Alors même que M. Thiers était au pouvoir, tout en maudissant ses compromis, ses duplicités et ses roueries, je ne cessais de répéter que cet homme valait encore mieux que la Chambre qui voulait le renverser; car, je savais que **cette Chambre lui faisait de l'opposition, non pas parce qu'il se conduisait mal,**

mais, parce qu'il voulait faire quelque chose, et qu'il est dans l'essence d'une réunion d'hommes divisés et impuissants comme ceux-là de faire de l'opposition à quiconque veut agir.

L'heure n'est pas venue de juger ces hommes. Plus tard, ils comparaîtront devant l'histoire; on appréciera le rôle qu'ils ont joué dans le pays :

Pendant deux ans, entraver M. Thiers, le jeter dans les bras de la gauche; après avoir entravé M. Thiers, entraver le Maréchal, renverser M. de Broglie, précipiter M. de Fourtou; empêcher la République, empêcher la Monarchie, empêcher l'Empire, empêcher le Septennat, s'empêcher eux-mêmes, empêcher tout!... Voter aveuglément des lois qui ne sont que des armes de guerre, et ajourner toutes celles qui sont nécessaires au pays; voter successivement pour et contre la décentralisation, pour et contre la nomination des maires, pour et contre les matières premières, pour et contre la loi militaire, pour et contre tout!..... Non, l'heure n'est pas venue de juger de telles choses.

Mais parfois on se dit : si au lieu de sept cent cinquante souverains, un seul eût fait cela! Oui, s'il se trouvait un prince — Bonaparte ou Bourbon — pour donner un tel spectacle à la France, un prince dont la rentrée à Paris serait fatalement une cause de ruine, un prince dont le retour serait marqué par la baisse des fonds de l'Etat, par le chômage des ouvriers, par le désespoir du peuple!... Je le demande à tous, est-il un monarque, est-il un despote qui faisant un tel mal à ses sujets oserait comparaître devant eux? Tandis que vous voyez les députés rentrer d'un cœur léger dans ce Paris où ils apportent la ruine... Et cela, parce qu'ils sont sept cent cinquante!

Parce que le nombre a ce privilége singulier qu'on peut faire le mal sans en porter la responsabilité! parce qu'une Assemblée est un corps composé de parties qui s'accusent sans qu'aucune se reconnaisse coupable! De sorte que là où un empereur du Bas-Empire rougirait, une assemblée est sans pudeur; car, sans songer à nier le mal, chacun des membres est convaïncu que c'est l'autre qui est coupable.

Aussi, on peut dire que l'impopularité de ces hommes dépasse aujourd'hui tout ce que les gouvernements précédents nous avaient fait connaître. Cela est extraordinaire et cela est lamentable! Lamentable pour le respect de la liberté, de la légalité, pour l'avenir du pays ; car le souvenir de cette Chambre suffira à tuer pour un siècle le gouvernement parlementaire.

Ce discrédit est tel, qu'aujourd'hui les populations de nos provinces, si divisées sur toutes les questions d'Empire, de République et de Royauté, ne s'entendent que sur un point : l'Assemblée! Arrivées là, toutes les discussions s'apaisent dans un accord formidable. Et peut-être que ces députés qui ont voté la déchéance, ces députés qui n'ont eu d'entente que pour flétrir, en face des Prussiens, le régime qui avait été celui de la France pendant vingt années, peut-être que ces députés ignorent le sort qui leur serait réservé, si, à son tour, la nation était appelée à voter sur eux!

Car, si malgré leurs erreurs, les autres régimes ont conservé de profondes racines dans la nation, c'est qu'ils ont fait quelque chose. L'Empereur M. Thiers, M. de Broglie... Gambetta lui-même, a fait quelque chose; M. de Fourtou allait faire quelque chose. L'Assemblée n'a rien fait, et n'a rien laissé faire. Son rôle, son seul rôle dans l'histoire, sera l'impuissance, la négation, le néant!

On me répondra que la France n'est pas le seul pays qui ait connu ces épreuves. Cela est vrai : l'Espagne a eu les *Hablas Cortez*... l'Angleterre a eu le *Long Parlement;* mais, aucun de ces peuples n'avait à sa frontière une armée d'un million d'hommes prêts à se précipiter sur lui. Pour rencontrer semblable état de choses, il faut remonter à la Pologne et à Byzance.

I

Au milieu de tant de tristesses, la plus grande est de voir comment l'armée a été toujours et absolument sacrifiée, sacrifiée à nos divisions, à nos passions, à nos folies, au point qu'on lui a refusé de mettre son chef en dehors des orages de la politique. Elle ne demandait que cela, qu'on lui laissât un ministre ou major général qui pût s'occuper d'elle. Et cela on ne l'a pas voulu! Les députés ont répondu : Non! il faut qu'à chaque coup de vent le ministre de la guerre soit emporté, et que son œuvre brusquement interrompue soit remplacée par une autre. Il faut qu'à chaque printemps le général de Cissey soit remplacé par le général du Barrail et le général du Barrail par le général de Cissey.

Pauvre armée, une sorte de fatalité pèse sur elle! Avant la guerre, c'étaient des hommes politiques, qui, trouvant que nous avions trop de canons et trop de soldats, entravaient les armements du maréchal Niel, et préparaient ainsi les désastres de Reischoffen et de Sedan.

Pendant la guerre, ce sont d'autres hommes politiques qui, ayant voulu suivre les traditions de 92, ont préparé les effroyables déroutes de la Loire et de l'Est.

Après la guerre, ce sont de nouveaux hommes politiques, qui, s'étant donné la mission de réorganiser l'armée, ont commencé sur elle cette longue série d'expériences, qui vient d'aboutir à ce que l'on sait.

Car, chose étrange, ce n'est pas l'ennemi qui a eu l'honneur de désorganiser notre armée. Après le traité de paix elle s'est retrouvée tout entière avec ses admirables cadres et son admirable esprit; et, ce que la Prusse n'avait pu faire a été achevé par la politique! La politique qui a fait plus de mal à notre armée que Frœschviller et Forbach, Metz et Héricourt! La politique, véritable alliée de l'étranger, et comme la complice de Berlin.

Livrés depuis trois ans à ce fléau, nos ministres de la guerre se sont vus chaque jour entravés, paralysés, traînés devant les commissions, forcés de donner le plus pur de leur temps aux interpellations et aux discours; n'ayant pas de lendemain, sachant qu'ils commençaient une œuvre que les passions de parti ne leur permettraient pas de terminer, et, par-dessus tout, forcés de diminuer les effectifs, de renvoyer les soldats, de laisser partir tous les sous-officiers et caporaux, en un mot, de briser tous les cadres.... parce qu'ils n'ont pas d'argent.

Oui, pas d'argent !... Sur tous les marchés d'Europe le papier français fait prime, notre pays regorge d'or; nous nous vantons d'être les plus riches, et quand il s'agit de notre armée, nous n'avons pas d'argent !

Si nous avons besoin de cinq milliards, on nous en offre le double ! L'Europe et le monde envient notre richesse, nous venons d'être vaincus, nous sommes menacés, et quand il s'agit de notre armée nous n'avons pas d'argent !

Nous n'avons pas d'argent, parce que depuis trois ans, nos députés rejettent tous les impôts qu'on leur propose ! Parce qu'à tous les projets, chacun se dresse et crie : « Oh ! pas cela; pas de charges nouvelles sur ma province, sur mes électeurs! » Parce que chaque député ne songe qu'à une chose : être renommé! Parce que ceux-là même, qui dans la commission se donnent le mérite apparent de demander des armements pour la France, paralysent tout, en refusant non-seulement toute augmentation d'impôt, mais même en mettant le gouvernement dans l'impossibilité d'équilibrer le budget.

De sorte que, dans ce Brandebourg, ce pays de bouleaux et de sapins, de souffrance et de misère, dans ce Brandebourg, après les plus effroyables défaites, si le pays était ruiné, il avait refait une armée; tandis que chez nous, dans ce pays d'abondance et de lumière, après Metz et Sedan, après la Commune et la rançon, nous avons la richesse, et nous n'avons pas d'armée!

Nous avons nos vins, nous avons nos blés, nous avons notre or, nous avons notre luxe, nous avons tout, excepté des soldats; c'est-à-dire, nous avons tous les biens d'ici bas, excepté ce qui peut nous les conserver.

Je ne sais s'il est des Français qui, en un tel moment, sont fiers de cette richesse; pour moi, c'est une honte!... Quand un peuple a été vaincu, et que, après quatre années, plus riche que ses vainqueurs, plus riche que ses rivaux, il est encore sans défense, c'est, pour ce peuple, la plus terrible des condamnations ! Bien des fois, j'ai courbé la tête, lorsqu'à l'étranger je voyais payer si cher le papier d'un pays qu'on redoutait si peu ! Après des désastres comme les nôtres, la seule excuse au désarmement, c'est la ruine ! Mais le désarmement avec la richesse, c'est l'opprobre !

« Il n'y a que les pays vainqueurs et puissants qui peuvent se donner le luxe des économies, » a dit le fils de lord Chatham. Parole éternellement vraie, et que nos représentants devraient se répéter sans cesse. Quand on n'a rien à redouter, il est permis de songer à l'épargne ; mais quand on est menacé, la vraie sagesse c'est de dépenser follement.

S'il y avait eu dans l'Assemblée un éclair de patriotisme, au lieu de refuser tous les impôts, et de vouloir se mêler des choses de l'armée, nos députés auraient dit simplement au gouvernement : Prenez pour ministre de la guerre l'homme le plus capable, sans vous soucier de sa couleur politique, donnez-lui plein pouvoir, que lui-même forme un conseil de tous les généraux compétents, nous ne l'entraverons en rien. Jamais les dépenses ne seront l'objet d'une discussion à la Chambre. Qu'il travaille sans relâche et sans bruit; non pas pour la revanche, ce qui serait insensé, mais pour une défense sérieuse en cas d'attaque.

Voilà ce qu'auraient fait nos députés, s'ils avaient tout sacrifié au patriotisme, au lieu de tout sacrifier à la politique!

Et, en réalité, qu'est-ce que la politique?... Que se cache-t-il sous ce grand mot?

La politique, c'est l'intérêt personnel! La politique c'est de ne voir dans les événements que ce qui peut servir à vous faire une situation.

Pour les hommes de Septembre, la politique c'est, au jour de l'invasion, d'armer le peuple souverain, au risque de faire éclater la Commune.

Pour les bonapartistes, la politique c'est, à la nouvelle de Frœschviller, d'empêcher l'Empereur de revenir à Paris, au risque de l'envoyer dans le gouffre de Sedan.

Pour les républicains, la politique c'est, à la nouvelle du traité de paix, de demander sans y croire, la guerre à outrance, et de se donner ainsi le prestige du patriotisme.

Pour M. Thiers, la politique, c'est de s'appuyer sur les complices de la Commune, afin de garder le pouvoir à tout prix.

Pour les légitimistes, la politique c'est de renverser le maréchal de Mac-Mahon, au risque de de faire rouler la France au fond de l'abîme.

Pour tous, la politique, c'est de se faire un nom dans le parti qu'on représente, c'est de tromper et de mentir, c'est de demander la dissolution puis de la combattre, d'insulter le gouvernement, puis de le défendre; la politique, ce sont les coalitions, les interpellations, les commissions, les sous-commissions... en un mot, c'est l'Assemblée depuis trois ans, car l'Assemblée en restera devant l'histoire comme le type le plus achevé, et le plus parfait modèle.

De là, l'incroyable spectacle que nous contemplons depuis nos malheurs : Trente-huit millions de Français, sacrifiés à sept cent cinquante députés ! Trente-huit millions de travailleurs : paysans, ouvriers, commerçants, soldats, menacés, ruinés pour donner à sept cent cinquante hommes la joie de faire de la politique.

Voilà trois ans que la France attend qu'on s'occupe d'elle.... Les députés répondent, en parlant d'eux, de leurs principes, de leur parti, de leur drapeau, de leur conscience, de leurs répugnances, de leurs préférences... du pays, jamais !...

Pour eux, toutes les lois, lois de finances, lois d'administration, ne sont rien par elles-mêmes, elles ne sont que des armes de guerre, qu'ils votent ou refusent selon leur place de combat et selon le ministère qui les présente. Ce qui fait qu'ils passent leur vie à voter le lendemain contre ce qu'ils avaient voté la veille. On les supplie, on leur révèle *certaines menaces du dehors*, on invoque leur patriotisme... rien ne fait, rien ne les ébranle. Cette fois on avait espéré un sursis.... Non ! pas un jour ! pas une heure ! Il faut que les hommes politiques vivent !

Allons, rentrez en scène, messieurs, parlez, interpellez, haranguez, insultez-vous les uns les autres, ramenez-nous les pugilats de la gare du Havre, la baisse des fonds, le départ des étrangers ! Quand on vous parlera d'affaires sérieuses, de projets de lois qui intéressent le pays, restez chez vous, ou allez vous récréer dans les couloirs ; et, quand il s'agira d'interpellations, accourez ! Que pas un ne manque à la fête!

L'interpellation, c'est votre carrière, c'est l'occasion des discours et des professions de foi ! Peu importe que ce soit la ruine de la France. Ne vous préoccupez ni de vous démentir, ni de vous parjurer !

Vous, monsieur Thiers, qui, au pouvoir, n'avez vécu que dans l'état de siége et la suppression des journaux, venez reprocher au gouvernement de continuer ce que vous n'avez cessé de faire.

Vous, monsieur Gambetta, qui avez renversé M. Thiers quand il a voulu établir sa République, tendez-lui la main pour renverser le Maréchal !

Vous, hommes de Septembre, qui avez chassé une Assemblée souveraine et violé toutes les lois, venez accuser le pouvoir de manquer à la légalité.

Vous, messieurs de Lorgeril et Franclieu, qui, mieux que nous-mêmes, savez la Monarchie impossible, venez arborer bruyamment votre drapeau à la tribune, et précipiter la France du Septennat dans la révolution.

Vous, monsieur Rouher, qui êtes le représentant

d'un régime qui après tant de prospérité, nous a menés à tant de désastres, venez ébranler le pouvoir de celui qui a sauvé votre Empereur à Magenta.

Et vous tous, députés inconnus, qui ne vous êtes pas encore fait un nom, mettez-vous de la partie! Qui sait ce qui peut arriver! Voyez, ceux qui, ignorés hier, sont devenus célèbres tout-à-coup. Il n'y a plus que par la politique que l'on arrive! Jetez les dés; c'est la France qui est l'enjeu! Et pendant que vous jouez, trente-huit millions de Français vous contemplent, attendant leur sort... et, là-bas, l'étranger applaudit, sachant bien comment la partie finira.

« Pourquoi nous écraser d'impôts et lever tant de soldats, » dit le journal allemand, « tant que la France est en proie aux hommes politiques, qu'avons-nous à craindre? Il n'y a qu'à les laisser faire! Nous avons là des alliés qui travaillent mieux que nous ne le ferions nous-mêmes. »

Ah! oui, la Prusse a raison; elle a, chez nous, des alliés qui font plus de besogne pour elle que des corps d'armée tout entiers! Et on peut dire que les troupes de Manteuffell et de Werder, occupant le territoire, auraient fait moins de mal à la France, que le parlementarisme depuis trois ans.

II

Eh bien! dans une telle situation quel parti faut-il prendre? Le rôle du Maréchal est tracé par les événements mêmes, et surtout par le souvenir du passé. En réalité, depuis le 8 février 1871, la France n'a connu que quinze jours de confiance et d'espoir; les quinze jours qui ont commencé à la proclamation de la revue, pour finir au Message; alors que le Maréchal, secouant le joug des politiques, s'est porté personnellement en avant et a affirmé la souveraineté de son droit.

Chacun se rappelle encore l'immense espérance qui tout à coup s'était emparé de la nation et surtout de l'armée. On croyait que c'était la fin des discours stériles, des bavardages, des conspirations, des coalitions, que c'était le commencement du travail, et du gouvernement du pays pour le pays.

Certains hommes ont parlé de coup d'État. Les coups d'Etat sont des opérations terribles, que les événements rendent souvent indispensables, et où celui qui porte le fer a moins de responsabilité que ceux qui ont fait la plaie. Mais jamais un tel mot n'avait été prononcé.

Le Maréchal avait pour lui le droit et la force ; le droit incontestable et incontesté de gouverner pendant sept ans vis-à-vis d'une Assemblée impuissante et divisée. Il disait simplement aux députés : « Le jour où vous avez créé le Septennat, vous avez fait preuve de puissance et de virilité ; mais, en donnant la vie, vous l'avez perdue; ne conservant de force que ce qui était nécessaire pour achever votre œuvre. Vous pouvez faire des lois ; vous seuls même pouvez les faire; vous ne pouvez plus faire un gouvernement. »

Les doctrinaires et les habiles n'ont pas voulu suivre le Maréchal dans cette voie si patriotique et si belle, où le salut du pays était placé au-dessus des exigences du parlementarisme, et des passions de parti. Ils ont fait sacrifier M. de Fourtou, ils ont fait revenir le Maréchal en arrière, pour recommencer ce lamentable piétinement qui dure depuis dix-huit mois. Et, aujourd'hui, ils doivent voir quel terrain ils ont gagné et où leurs prétendues habiletés ont amené la France :

En ce moment même un grand péril nous menace. Les hommes de la Commune, les démocrates et les libéraux viennent de s'entendre pour proclamer un mot, celui de République, sauf, une fois le mot proclamé, à se déchirer entre eux et à déchirer le pays. Or, clouer une étiquette sur la maison sans savoir ce qu'on y mettra, ou plutôt avec la certitude que chacun veut des choses diamétralement opposées, c'est une chimère, ou un forfait. Dans une telle situation, le mot de République n'est que mensonge et duperie, d'où ne peut sortir que guet-apens et guerre civile.

Car, il est bien certain que, lorsque M. Marcou semble s'entendre avec M. Périer pour demander le même gouvernement, ils jouent sur le mot qui, au lieu d'être un principe, devient un sinistre calembour! C'est comme si les députés conservateurs votaient la Monarchie sans s'être entendus sur le prince, sauf, ensuite, à bouleverser le pays et à se battre sur les marches du trône, quand il s'agirait d'y faire monter quelqu'un!

Ou plutôt, c'est bien autrement scandaleux, car il y a moins de distance entre les partisans des diverses monarchies qu'il n'y en a entre l'homme qui ose défendre les horreurs de la Commune et le député centre-gauche qui veut le respect de l'ordre, de la religion et de la société.

Donc, quand ces deux hommes, le démagogue et le libéral, ont l'air de faire cause commune, ils se trompent l'un l'autre, et ils trompent le pays. Et le droit du gouvernement et de la nation est de dire :

Tant que vous ne vous serez pas entendus sur une constitution, votre vote est illusoire, c'est-à-dire frappé de nullité. Et pour qu'il soit sérieux et légal, il faut que la constitution soit votée au même moment que la République.

D'un autre côté, voter la dissolution sans avoir voté une loi sur le suffrage universel, est contraire à toute légalité et à toute raison. La loi actuelle ayant été décrétée par des aventuriers sans mandat, vouloir la faire fonctionner encore est un monstrueux scandale.

Ce qui se prépare en ce moment est donc le

produit d'une véritable conspiration, conspiration formée de toutes les rancunes, de toutes les haines, de toutes les ambitions. Les uns, par amour de la démagogie ; les autres, pour se venger du 24 mai ; ceux-ci par horreur de l'Empire, ceux-là par désir du pouvoir, tous s'entendent pour crier ensemble le mot de République, qui est un mensonge, et celui de dissolution, qui est un forfait.

Devant cette crise suprême, nous dirons respectueusement au Maréchal : Monsieur le Maréchal, on vous trompe ; défiez-vous des politiques et des habiles ; défiez-vous de ceux qui vous disent qu'il faut vous abstenir, et abandonner l'armée et le pays au hasard du parlementarisme et aux passions de l'esprit de parti.

Avec votre âme si droite, vous aviez vu plus juste et plus loin que tous ces hommes d'État ensemble ; et on peut dire que dans son énergie et sa franchise votre patriotisme était plus habile que toute leur habileté.

Aujourd'hui, la situation apparaît à tous dans sa funèbre clarté. Chacun voit où l'Assemblée a mené la France, et où elle menace de la précipiter. L'étranger est là qui guette, attendant l'heure propice, et sachant bien que cette heure ne peut tarder à venir.

Si vous n'étiez pas le soldat le plus aimé et le plus admiré de l'armée, si vous n'étiez pas l'homme le plus vénéré de France, en un mot, si vous n'étiez pas Mac-Mahon, je dirais : Que les destins s'accomplissent!...

Mais, vous êtes Mac-Mahon! De plus, vous êtes la force et vous êtes le droit; **tout ce qui se fera ne pourra donc se faire qu'autant que vous l'aurez voulu.**

Il n'y a pas aujourd'hui de ces agitations profondes, de ces terribles tempêtes qui emportent les nations à certaines heures, et que la France a connues à la fin des règnes des Bonapartes et des Bourbons... Non, l'ordre le plus complet règne dans le pays, et non-seulement l'armée vous est soumise, mais elle ne connaît que vous. Si donc, la France passait de cet ordre parfait au radicalisme légal, **ce serait la première fois qu'on pourrait dire dans toute son horrible réalité : la légalité tue!**

Les événements se précipitent. Des coquins viennent de s'unir à des idéologues pour prononcer le même mot, sauf à se battre ensuite pour la chose. Votre droit, Monsieur le Maréchal, est de dire que le jour où l'Assemblée aura voté et la République et sa constitution, vous verrez, d'abord, si ce vote est compatible avec le septennat, *seul gouvernement légal,* mais que de toute manière la République ne pourra être proclamée qu'avec les lois qui la constituent, en un mot, *que sa proclamation sera subordonnée à sa constitution,* et que jusque là, vous continuerez à gouverner ; à gouverner souverainement dans l'intérêt du pays et de l'armée ; à gouverner au nom du pouvoir qui vous a été conféré, sans changer vos ministères, sans vous préoccuper des coalitions et des interpellations ; **car l'Assemblée ne peut exiger le fonctionnement du gouvernement parlementaire avant d'en avoir créé les rouages** (1).

(1) En cela, le droit du Maréchal est formel. S'il était forcé à chaque vote de changer son ministère, sans avoir ni seconde chambre, ni droit de dissolution, ni loi sur le suffrage universel, son pouvoir serait illusoire. Donc, jusqu'à ce qu'on ait voté une Constitution, *et une Constitution ayant pour base le Septennat,* il est investi d'un pouvoir absolu. Jusque là, l'Assemblée ne peut rien ;

Vous, Monsieur le Maréchal, qu'ils sont venus chercher en un jour d'épouvante, et qu'ils affectent d'appeler aujourd'hui leur délégué, montrez-leur que vous êtes le maître, le maître pour sept ans de par leur volonté souveraine, et que ceux qui se révoltent contre vous sont des révolutionnaires et des factieux.

Jamais heure n'a été plus solennelle. Toute l'armée est là, derrière vous, qui regarde et qui attend. Armée admirable, mais qui, véritablement, a trop souffert, et qui n'a plus d'espoir qu'en vous !

Après avoir vainement attendu une loi pendant trois ans, après avoir vu successivement tous les droits d'avancement compromis, l'esprit de corps anéanti, les cadres brisés, les régiments désorganisés; après avoir vu l'Assemblée s'occuper de tout, excepté d'eux, nos officiers apprennent qu'ils vont être livrés au radicalisme légal, c'est-à-dire

pas même conférer à une autre Assemblée un pouvoir constituant qu'elle a perdu. Et, si elle votait jamais une dissolution sans avoir organisé le Septennat, le Maréchal aurait le droit et le devoir de gouverner souverainement pendant six ans, appuyé sur l'armée et la partie honnête de la nation. Car, depuis le vote du 20 novembre, il n'y a plus de légal que : le Septennat parlementaire, si on vote une Constitution; le Septennat militaire, si on n'en vote pas.

aux aventuriers qui les ont trahi le 4 septembre et qui ont dirigé nos lamentables déroutes.

Oui, de sinistres nouvelles ont été répandues dans les camps. On a osé dire que, vous désintéressant de la lutte, vous laisseriez faire et les hommes et les événements, *sauf à remettre légalement la France entre les mains de ceux auxquels le nombre la fera tomber.*

On a osé dire que, si les ambitieux trouvaient toujours de l'audace pour établir leur dynastie, les hommes désintéressés ne sacrifiaient jamais ni leur repos ni leur gloire au salut du pays, et que, ainsi que Ponce-Pilate, vous diriez en remettant à ces mains misérables et l'armée et les forces vives de la nation : Je laisse faire la légalité et je suis innocent de tout ce qui pourra advenir.

Voilà les infamies qui ont été répandues et qui, sans trouver créance, ont jeté un certain trouble dans les esprits!

Derrière l'armée, des millions de paysans, d'ouvriers, de commerçants vous implorent, c'est-à-dire, le peuple honnête, le peuple de travail et d'épargne qui, depuis nos malheurs, cherche toujours à se relever, et toujours frappé par la politique, se voit sacrifié, sans espoir et sans merci, à sept cent cinquante députés.

Pour moi, Monsieur le Maréchal, je ne me permettrai de vous dire qu'une chose : Au milieu de ce siècle d'égoïsme et d'abaissement moral, quoi qu'il arrive, vous resterez comme le type le plus achevé du désintéressement et de l'esprit de sacrifice; mais, n'oubliez pas que si jamais une fatale succession d'événements faisait voter d'abord la République, puis ensuite dans l'impossibilité de s'entendre, la dissolution d'où sortirait une Chambre radicale, suivie d'une nouvelle Commune, et de Frédéric-Charles... l'histoire ne vous demanderait pas si vous avez parfaitement respecté la légalité, si vous vous êtes strictement conformé aux lois du parlementarisme, non, elle ne dirait que ceci : Le Maréchal de Mac-Mahon était au pouvoir ! Il était chef d'Etat et chef d'armée, il avait le droit et il avait la force... oui ou non le Maréchal a-t-il sauvé son pays ?

SAINT-GENEST.

Paris, imp. Balitout, Questroy et Cᵉ, 7, rue Baillif.

www.ingramcontent.com/pod-product-compliance
Lightning Source LLC
LaVergne TN
LVHW010404240826
846091LV00019B/2751

* 9 7 8 2 0 1 2 4 6 4 2 4 7 *